SILENCIOS S

INTRODUCCIÓN:

La poesía es el arte de expresar
Emociones, ideas y experiencias,
A través de la belleza y musicalidad
Del lenguaje que nos envuelve.
Desde tiempos antiguos ha sido,
Una forma de comunicación humana,
Que trasciende las limitaciones de la prosa,
Utilizando métrica, ritmo e imagen.
Es un baile de palabras,
Que nos lleva a un mundo de emociones,
De significados profundos,
De sentimientos y vivencias.
A diferencia de la prosa,
Que transmite información,
La poesía pinta con palabras,
Creando imágenes y sonidos.
Nos hace reflexionar y sentir,
Nos envuelve en su arte profundo,
Pero para mí, sin duda alguna,
La poesía más grande que existe,
Siempre será tu sonrisa,
Un océano de misterio,
Donde se reflejan los sueños,
Más profundos de mi ser.

Tus labios dibujan versos silenciosos,
Que susurran secretos al viento,
Y en la luz de tu mirada encuentro,
El poema eterno de nuestra conexión.
Cada risa tuya es una estrofa,
Cada gesto, una rima escondida,
En tu presencia, el mundo se ilumina,
Y mi corazón, inspirado, cobra vida.
Así, en el arte de vivir y amar,
Encuentro en ti la musa infinita,
La poesía viva en tu esencia,
Mi inspiración, mi razón y mi verdad.

PROLOGO:

Querido lector,

Es con un corazón lleno de sentimientos no correspondidos que te doy la bienvenida a este libro. En estas páginas, encontrarás una colección de poemas que nacieron de la más pura devoción, del anhelo y del deseo que no se ha convertido aún en realidad.

Cada poema es una carta no enviada, un suspiro que se perdió en el viento, un fragmento de una historia que nunca fue contada.

Es la historia de un amor imposible, ese que todos hemos conocido de alguna manera, en algún momento de nuestras vidas. Un amor que brilla con la intensidad de un sol al atardecer, pero que nunca logra despuntar el alba.

A través de estas palabras, espero que sientas la pasión y la melancolía que me embargaron al escribir cada verso.

Que te identifiques con el dolor de la distancia, con la dulce tortura de esperar lo que nunca llegará,
y con la belleza que se encuentra en la tristeza de un amor no correspondido.
Este libro es una ofrenda a todos los corazones valientes que han amado
sin esperar nada a cambio, que han encontrado consuelo en la poesía y que han aprendido a vivir con la sombra de un amor imposible siempre presente.
Que estas páginas te acompañen en tus momentos de soledad y te recuerden que, aunque el amor no siempre tiene un final feliz, su presencia en nuestras vidas siempre nos enriquece.
Para una mejor perspectiva , te contaré brevemente como la conocí.
Con afecto y esperanza,

Samuel Reyes

UN AMOR EN SILENCIO

La vi llegar un mes de septiembre,
Sus ojos, dos soles, me hicieron detenerme.
Pensé, ¿es acaso un ángel en la tierra,
O la perfección en su forma más pura y certera?
Su rostro, obra maestra del mejor pintor,
Irradiaba vida, un fulgor de esplendor.

Nunca había sentido tanto por nadie jamás,
Hasta que sus ojos se cruzaron con los míos, fugaz.
Sentí en ese instante como si pudiera volar, Ligero como pluma, al cielo elevar.

Todo lo perfecto en ella se hallaba,
Un terremoto en mi ser desataba.

Desde aquel día, no dejo de pensar,
En esa mirada que me hizo soñar.

Aunque mi amor no es correspondido,
Daría mi vida por ella, sin ser detenido.
Si me pidiera que me quedase, o marcharme de repente,
O atrapar balas con la boca valiente,
Lo haría sin dudar, con el corazón rendido,
Porque en ella encontré lo que nunca había sido.

Y es que, ¿cómo no rendirme ante lo divino,
Si ella es una diosa en este destino?

Podría buscar entre mil mujeres su gracia,
Pero entre ellas y mi vacío, no habría diferencia.
Su presencia es como el sol, tan brillante,
Todo lo que alguien desea, en ella es constante.

¿Qué más daría porque fuera mía,
Y que esos ojos solo a mí miraran cada día?
Cómo desearía que, así como ella me deslumbra,
Yo también fuera su razón de asombro.

Pero me conformo con admirar su belleza cercana,
Ver su risa, un regalo del universo, a mi alma hermana.

En su luz encuentro mi refugio y calma,
Aunque su amor no me pertenezca, en mi corazón se ensalma.

Y así, en su perfección me pierdo y hallo,
Un amor eterno, aunque solo sea en mi pensamiento.
¡Y es que por Dios!
Explícame tus ingredientes, que esté pordiosero muere por tenerte enfrente.

Dichoso aquel que sea dueño de su corazón,
No encontrará mayor regalo que su querer en esta canción.
Aunque yo nunca lo he tenido, puedo imaginar,
Su amor, tan puro y bello,
cómo ha de resplandecer sin par.
Reconfortante como ella misma, un bálsamo divino,
Espero, en un futuro, tenerlo en mi destino.

No solo imaginar cómo es, sino sentirlo de verdad,
Y si no es en esta vida, en cualquier eternidad,
Yo la esperaría, sin tiempo ni fronteras,
Si ella lo pidiera, cruzaría todas las esferas.

Así, mi anhelo por ella es firme y sincero,
En cualquier vida, seré su fiel compañero.
Porque en ella he encontrado mi razón y mi fe,
Y por su amor, esperaría una eternidad, lo sé.
Vivo soñando el día en que pueda estar a su lado,
Un deseo ardiente, un anhelo nunca apagado.
Sus ojos, dos estrellas, guían mi camino,
Y en su presencia, hallo mi destino.

Cada momento sin ella es una eternidad,
Pero mi esperanza es firme, mi amor, una verdad.
Imagino su risa, su voz en mi oído,
Y en esos sueños, mi corazón encuentra abrigo.

Estimado lector,

No sé si alguna vez has experimentado esto:
En el lugar menos esperado,
aparece un ser que, con su calma,
belleza y brillo, paraliza todo tu ser.
Quiero compartir contigo esta carta que nace del corazón,
una oda al amor y a la esperanza
que trasciende el tiempo y el espacio.
En cada verso, hallarás mis pensamientos más profundos
y mis sueños más sinceros,
tejidos con palabras que buscan capturar la esencia
de un sentimiento eterno.
Que estas líneas te transporten a un mundo donde cada suspiro
y cada mirada cuentan una historia de amor sin límites.

SIEMPRE SERÁS

Siempre serás el susurro en mi oído,
La melodía que acuna mis sueños perdidos.
En cada atardecer, en cada albor,
Tu recuerdo se cuela, eterno e imposible amor.
Entre las sombras de la noche,
Tu esencia persiste, como un derroche
De ternura y belleza sin medida,
En mi alma, tu presencia se desliza.
Aunque el destino nos separe en esta vida,
Nuestro vínculo perdura, no se olvida.
En cada paso, en cada latir,
Siempre serás mi razón de existir…
Fue tu rubor que me cambió el humor,
me dejó mudo, bajo el hechizo de tu mirada, perdí el rumbo.
Y aunque es de tontos enamorarse así,
sigo cayendo en cada gesto tuyo, sin freno, ni fin.

En tus ojos hallé un mundo por descubrir,
un destino incierto pero lleno de color,
donde cada sonrisa es un nuevo amanecer,
y cada suspiro es un poema por escribir.
Quizá en esta vida no se pueda estar a tu lado,
pero si hay otra vida, espero cruzarme en tu camino.
A pesar de la distancia, en mi corazón,
siempre serás el anhelo más querido.
En cada vida, buscaré la estela de tu luz,
anhelando el reencuentro en cada destino
En el juego del destino, una mala pasada
Me obliga a enamorarme de ti, sin ser nada.
Mi alma se va con tu sonrisa, encantada,
Pero en el ocaso de tus ojos,
perdida queda atrapada.
Sueño con que un día puedan ser míos,
Mientras mi alma grita como ave en desvaríos.
Con desespero, amor, e ilusión desmedida,
Anhelo ser libre, junto a ti, en esta u otra vida.

MI ETERNO JARDÍN

Siempre estoy pensando en ti,
En cada aurora y atardecer.
Eres el susurro en mi mente,
El eco de un dulce querer.
En los suspiros del viento,
Tu nombre danza en la brisa.
En cada estrella que brilla,
Tu recuerdo se eterniza.
Eres la luz en mi camino,
La melodía en mi canción.
En cada sueño que habito,
Eres mi única inspiración.
En cada latido de mi pecho,
Resuena tu nombre, sin fin.
Siempre estoy pensando en ti,
Eres mi eterno jardín.

REFLEJO DE AMOR

Tus ojos, un espejo del alma,
Reflejan el universo en su calma.
En su profundidad encuentro el misterio,
Un océano de amor, puro y sincero.
En cada destello, una historia se cuenta,
Un relato de pasión que me enfrenta.
En su brillo encuentro mi camino,
Una guía en la oscuridad, un destino divino.
En su mirada encuentro mi reflejo,
Un eco de amor que nunca desecho.
Tus ojos, un espejo de la verdad,
Donde encuentro mi paz, mi eterna felicidad.

Querido amigo,

A veces me pregunto si debería guardar estos sentimientos para mí o compartirlos con la persona que ha iluminado mi vida.
No sé si tú has sentido la maravilla de encontrar a alguien que, inesperadamente, ilumina tu mundo como un rayo de luz al amanecer.
 En un instante, todo cambia, y su presencia lo transforma todo.
Me debato entre decírselo directamente o simplemente dejar que estas palabras sean un testimonio de lo que siento.
 Por ahora, quiero compartirlo contigo,
como lo haría con un buen amigo, esperando que encuentres en estos versos una chispa
 de la emoción que me inspira.

Encuentro al amanecer

Te vi llegar al amanecer,
Como un rayo de luz en el horizonte.
Tu presencia iluminó mi ser,
Como un hechizo, que llegó a poner todo al revés.
En el vaivén de la vida, te encontré,
Caminando con gracia y determinación.
Tu mirada, un eco de sinceridad,
Que despertó en mí una nueva sensación.

Bajo el cielo estrellado, te vi llegar,
Como una constelación que guía mi destino.

Tus pasos resonaron en mi corazón,
Llenando de alegría cada camino.
Te vi llegar, y supe en ese instante,
Que eras el anhelo que tanto esperé.

Desde entonces, en cada latido constante,
Te llevo conmigo, donde quiera que vaya a parar.

ANHELOS INFINITOS

Dónde estarás amor..
Acaso en la brisa que acaricia mi rostro al amanecer,
En el susurro del viento que mece los árboles al anochecer.
En cada estrella que adorna el manto del cielo,
En cada rincón del universo, te siento en desvelo.
En el eco de una melodía que se pierde en la distancia,
En el aroma de las flores que perfuma la fragancia.
En los suspiros del mar que besan la arena,
En cada susurro de la noche, tu esencia se envenena.
Aunque seas un amor imposible, lejano en la distancia,
En mi corazón, tú siempre serás mi esperanza.
En cada latido, en cada pensamiento, en cada suspiro,
Te llevo conmigo, amor imposible, en mi eterno suspiro.

ALMAS A LA DISTANCIA

Somos gemelos de ausencia,
dos almas perdidas en la distancia,
Unidos por la añoranza,
por la melancolía que nos abraza.
En cada suspiro, en cada latido,
en cada momento de soledad,
Sentimos la presencia del otro,
como un lazo que nunca se desatará.
Somos dos estrellas fugaces,
brillando en universos separados,
Pero nuestra luz se encuentra en el firmamento,
en lo más alto y sagrado.
En cada noche oscura, en cada cielo estrellado,
buscamos el consuelo,
Sabiendo que aunque estemos separados,
nuestro lazo es eterno.
Somos gemelos de ausencia,
dos corazones que laten al unísono,
A pesar de la distancia,
a pesar del océano que nos separa en vano.
En cada momento compartido en el recuerdo,

en cada sueño por cumplir,
Nuestro vínculo perdura, indeleble,
como un destino por descubrir.

CONTIGO SIEMPRE

Bajo el cielo nocturno, mi alma se queda contigo,
En cada suspiro, en cada latido.
En la brisa suave y en el mar tranquilo,
Tu presencia eterna, mi amor, es mi destino.
En cada estrella que brilla en el firmamento,
Tu luz ilumina mi sendero en este momento.
En cada verso de este poema rendido,
Mi alma se queda contigo, unida en lo infinito.
En cada amanecer y en cada atardecer dorado,
Siento tu abrazo, aunque estés a mi lado.
Tu voz, un eco dulce que me acompaña,
Es la melodía que mi corazón siempre extraña.

En los sueños que me envuelven en la noche serena,
Tu imagen aparece, mi querida y plena.
Eres el refugio en mi desvelo y mi calma,
El susurro eterno que llena mi alma.
Cada paso que doy, lo doy contigo en mente,
Cada pensamiento cada deseo latente.
Eres el sol que disipa mis sombras y miedos,
La razón por la que mi espíritu vuela sin enredos.
Bajo el cielo nocturno, en este viaje compartido,
Mi alma y la tuya están eternamente unidas.
En cada estrella, en cada brisa y en cada verso,
Nuestro amor persiste, inmenso y diverso.

SINFONÍA DE LA NOCHE

En la noche serena, la luna brilla,
Susurra el viento entre la arboleda,
En el alma del poeta, la musa se aviva,
Y en versos etéreos, su amor se queda.
En la danza de las estrellas, un suspiro,
Se teje la historia de un amor perdido,
En cada verso, un latido, un susurro,
En cada estrofa, un eco, un gemido.
Oh poeta, con tu pluma como espada,
Trazas caminos en el lienzo del tiempo,
Tus palabras, cual pájaros en alborada,
Vuelan libres, desafiando al tormento.
Así es la magia de la poesía,
Un universo de sueños y fantasía,
Donde el alma se desnuda en melodía,
Y el corazón encuentra su alquimia.

Querido amigo,

En el silencio profundo del alma, es inevitable despojarse de todo cuando el amor llega sin aviso.

¿Te ha sucedido alguna vez? En mi caso, nunca he sido hábil para expresar mis sentimientos de manera directa, y menos aún con alguien que ha hechizado mi corazón por completo.

Cada vez que ella aparece, no puedo evitar maravillarme ante
la belleza deslumbrante que irradia.

Con devoción infinita, contemplo cada uno de sus detalles, como si fueran los últimos destellos de un crepúsculo eterno.

Aunque no he tenido el privilegio de apreciarla de cerca, estoy convencido de que no existe nada más sublime en este vasto universo.

Muero un poco por dentro cada vez que la veo alejarse, llevándose consigo fragmentos de mi esencia.

Quiero compartir contigo estos sentimientos, palabras nacidas del corazón, porque decirlo en persona me resulta imposible.

Con la esperanza de que, al leer esta carta, puedas entender la profundidad de lo que siento, sus ecos resuenen en tu alma tan profundamente como lo hacen en la mía.

MIRADA ENCANTADA

Ojos color miel
Que reflejan la luz del sol en su calma.
En su mirada, un mar de ternura,
Donde naufragan los sueños con dulzura.
En su brillo, se esconde un secreto,
Un universo de amor perfecto.
Con cada parpadeo, cuentan historias,
mientras perdido quedo en ellos
Ojos color miel, centinelas del amor,
Guían el camino en la noche y el albor.
Si tan solo me mirarán a mi,
sería como un sueño hecho realidad,
Pues en cada destello,
de tus ojos encuentro, luz, encuentro la felicidad.

EL TESORO DE MI ALMA

Tu sonrisa, es la más bella de todas,
Cómo un rayo de sol,
que rompe las tinieblas,
en un día lluvioso.
En su sonrisa se refleja la aurora,
Un arcoíris de alegría y amor.
Es un faro en la noche más oscura,
Un tesoro que brilla con esplendor.
En sus labios danzan las mariposas,
Libres como el viento,
suaves como el mar.
Cada risa es una melodía hermosa,
Que en mi corazón deja su cantar.
Su sonrisa es un regalo del cielo,
Un milagro que ilumina mi existir.

En sus líneas encuentro mi anhelo,
Un oasis donde puedo sonreír.
En su sonrisa encuentro mi destino,
Un paraíso donde quiero estar.
Es el refugio en cada desatino,
La razón por la que quiero amar.

LA INMENSIDAD DE TU SER

Si tan solo te vieras como yo te veo,
entenderías el porque cuando pasas a mi lado,
todas mis fuerzas pierdo.
Cuando pasas a mi lado, todo cobra sentido,
cada latido, cada suspiro compartido,
pierdo el sentido ante tu sola presencia,
me pregunto,
¿que podrá hacer este vil mortal ante tanta magnificencia?
Ante tanta magnificencia, solo puedo rendirme,
Como un humilde peregrino ante un templo sublime.
Mis palabras se pierden en la inmensidad de tu ser,
Y mi ser se encuentra ante ti, sin saber qué hacer.

FARO DE ESPERANZA

Eres como un faro en la noche más oscura,
Guiando mis pasos hacia la aventura.
Ante tu sola presencia, me siento pequeño,
Pero regreso y te veo de nuevo, siento que eres la perfección a la que aspiro.
En tu regreso, renace la esperanza,
Como el sol que emerge tras la bonanza.
Tu presencia es la perfección que ansío,
Un sueño hecho realidad, un dulce rocío.

BAJO EL HECHIZO DE TUS RIZOS

Bajo la perfección de tus rizos se esconde el misterio,
Un laberinto de suaves curvas que invita al viaje.
Cada hebra cuenta una historia, cada onda un deseo,
Y en su danza encuentro la magia que embriaga.
Enredado entre tus rizos, pierdo la noción del tiempo,
Sumergido en un mar de texturas y fragancias.
Son como hilos de oro que brillan con un destello,
Y en su suave caricia encuentro Esperanza.
Bajo la perfección de tus rizos, encuentro mi refugio,
Un lugar donde puedo,
perderme y encontrarme a la vez.

SOMBRA AMADA

Tan solo queda tu silueta en mi memoria,
como una suave imagen que mi corazón añora.
Tu silueta perdura en mi memoria,
Como una obra maestra de la historia.
Cada contorno, cada curva, cada línea,
Es un recuerdo que mi corazón atesora con esmero.
En la penumbra de la noche, tu figura se dibuja,
Como un susurro en el viento que nunca se esfuma.
Es la imagen que mi mente ansía y adora,
Un eco de la belleza que mi alma explora.
Aunque ya no estés presente físicamente,
Tu silueta vive en mi mente eternamente.
Es un símbolo de lo que fue y lo que será,
Un faro de luz en la oscuridad que nunca se apagará.

Querido lector y amigo,

Déjame llevarte por los senderos del amor que he descubierto
en los momentos compartidos con alguien especial.
A veces en la vida nos topamos con alguien
que irradia luz en nuestro mundo de forma inesperada y profunda.
Para mí, esa persona se ha convertido en un faro brillante
en medio de la oscuridad, un remanso de calma en el bullicio diario.
Me pregunto a menudo si debería revelarle lo que siento,
pero las palabras se enredan en mi garganta.
He aprendido que el amor se comunica mejor
a través de gestos, miradas y en el silencio compartido.
Cada vez que se acerca,
su mera presencia me deja sin aliento,
encontrando una paz infinita en sus abrazos.
Se que podrás comprender mi sentir,
esa sensación de saber que es la persona indicada
o al menos tu corazón así lo siente.
Porque sabes que aunque no sea contigo
el tan solo hecho de verla feliz, trae calma a tu alma.

REFUGIO DE AMOR

Querida mía, son tus brazos como un oasis en el desierto,
Cómo un refugio en medio de la tempestad más dura.
Pues cuando estoy en ellos,
siento que todo lo malo se esfuma,
Me pierdo, mi corazón queda en calma, contento.
Tus ojos, faros que guían mi camino en la penumbra,
Tus palabras, melodías que serenan mi alma inquieta.
En tus susurros hallo el eco de mis sueños más dulces,
Y en tu risa, la promesa de un mañana sin dudas.
Tus manos, al tocarme, desatan la magia en el aire,
Como el sol que acaricia suavemente la mañana.
Eres mi refugio, mi paz, mi más querido anhelo,
Contigo, cada instante se convierte en eternidad.

AROMA DE ENSUEÑO: SUSURROS AL CORAZÓN

Es que tu fragancia es la mayor utopía,
Me quedo en la inopia, pensando cómo se sentiría,
Cómo sería si algún día fueras mía.
¿Acaso sería como un jardín en plena floración,
Donde cada momento sería una bendición?
Tu fragancia, mi querida, es mi mayor fantasía,
Un sueño delicioso que me atrapa cada día.
Cuando pronuncias mi nombre, el mundo se detiene,
Y en tu sonrisa encuentro la razón de mi alegría.
Si alguna vez nuestras almas se entrelazaran por siempre,
Sería el amor verdadero, el que nunca se desvanece.
En tus brazos hallé mi hogar, en tu ser mi destino,
Contigo quiero recorrer el sendero del infinito.
Eres mi todo, mi sueño más preciado y real,
Mi amor eterno, mi bien, mi paz celestial.

RESPLANDOR DE AMOR

El destello de tu rostro es como el brillo de una estrella,
Una luz que ilumina mi camino en la oscuridad más densa.
En cada gesto tuyo encuentro la chispa de la vida,
Un reflejo de tu alma que en mi corazón se anida.
Es como el resplandor del sol al amanecer,
Que despierta en mí una pasión sin entender.
En cada mirada, en cada sonrisa, veo el encanto,
Que me sumerge en un éxtasis que no puedo quebrantar.
El destello de tu rostro es mi más dulce inspiración,
Una fuente de belleza que alimenta mi canción.
En su fulgor, encuentro la paz y la alegría,
Un oasis de felicidad en medio de la melancolía.

LA VIDA EN TU MIRADA

Vivo con el deseo de que me mires,
cada que pasas haces que,
todo el rededor en pos de ti gire.
Vivo con el deseo de que tú mirada sea solo para mí,
pues en cada encuentro con tus ojos,
mi ser renace allí.
Vivo con el deseo de tu sonrisa,
un faro que ilumina mi camino en la oscuridad,
cada destello tuyo es un rayo de esperanza,
que disipa toda adversidad.
Vivo con el deseo de tu presencia,
como un eco que susurra en mi mente,
cada momento a tu lado es un tesoro,
que el tiempo nunca borra ni arrebata.
Vivo con el deseo de tus caricias,
suaves como el roce del viento en la piel,
cada contacto tuyo es un fuego
que enciende pasiones en mi ser.

ANHELO Y ADMIRACIÓN

Anhelo ser el objeto de tu atención,
pues en tus ojos encuentro la perfección.
Cada vez que me miras, siento que vuelo,
y todo lo que me rodea se evapora.
Pues eres todo lo perfecto que puede existir,
me quedo inerte ante la vida que desprendes.
Pues tú cálido ser, es como un bálsamo para el alma,
una melodía suave que calma.
Eres como un sueño hecho realidad,
un regalo del destino, que me hace suspirar.
En cada palabra que pronuncias, encuentro la melodía
Que acaricia mi alma y me llena de alegría.
Tu voz, un susurro suave que me envuelve,
Y en su eco encuentro la paz que siempre resuelve.

PARA MI INTERNO YO

Después de tanto dudar y ser incapaz de hablar,
Hoy me he decidido, convencido de lo que siento.
Mi corazón clama tenerla por siempre conmigo,
Aunque solo me vea como su amigo.
No puedo evitar derramar lágrimas por ella,
Este sentimiento tan fuerte,
como la luz del sol.
Quema mi ser por dentro, sin consuelo,
Sus ojos iluminaron mi vida, ahora en duelo.
En mis noches de desvelo,
su recuerdo me consume,
Una melancolía que se arraiga profundo en mi pecho.
¿Qué podrá hacer este mortal,
Que guarda el luto de un viudo por una mujer viva?
Pero hay de aquel que vive sin querer amar,
porque es como estar muerto en vida.

Ella, el amor de mi vida, o al menos lo creo,
Si no es así, no me equivoqué de amor, sino de vida.

¿Qué debo cambiar para estar con ella?
Pues su presencia permite
Que mis días sean como el sol que nunca muere,
brilla en la oscuridad, deja que la haya.
Yo quisiera alejarme, porque no quiero ilusionarme,
pero estoy perdido en ella, en sus ojos,
en su risa, en la forma en la que se ilumina
su rostro cuando algo le apena, cuando algo le da felicidad.
Cada momento a su lado es una mezcla de emociones que no puedo ignorar.
Me esfuerzo por mantener la distancia,
pero cada vez que la veo,
mi corazón se rinde y caigo más profundo en este sentimiento.
Su presencia es como un imán,
atrayéndome sin remedio, haciéndome olvidar mis miedos y dudas.
A pesar de saber que podría lastimarme,
no puedo evitar desear estar cerca de ella,
compartir a su lado cada instante.

Me pregunto,
¿Que debo de hacer?
Porque si tan solo me diera cualquier cosa,
yo estaría firme hasta el final.
Pues estoy profundamente perdido,
Yo por ella esperaría una y mil vidas,
En cada una de ellas, le buscaría sin descanso,
Pues en su amor encuentro mi esencia perdida,
Y contigo a mi lado, la eternidad se vuelve un breve paso.
Su voz es la melodía que calma mis días,
Su risa, el eco que llena mi ser,
Y aunque el universo se disuelva en mil partidas,
Mi amor por ti nunca dejará de crecer.
Si el destino quisiera alejarnos,
No temería enfrentar cualquier prueba,
Pues sé que, al final, volveremos a encontrarnos,
Como estrellas que brillan juntas en la noche nueva.

PERDIDO EN TI

Inerte ante la magnitud de tu ser,
Como una hoja que flota en el río sin saber.
Ante tu grandeza me siento diminuto,
Como una estrella que brilla en el infinito.
En tu presencia, todo lo demás se desvanece,
Y mi ser se sumerge en una calma que enaltece.
Inerte, pero a la vez lleno de vida y emoción,
Ante la grandeza de tu ser, la cuál admiro con devoción.
Tus palabras son como el viento que susurra al oído,
Llenando de melodías mi corazón embelesado y perdido.
Tus ojos, profundos como el océano en calma,
Reflejan el universo entero, sosiegan mi alma.
Cada gesto tuyo, cada risa, cada mirada,
Es un destello de luz en mi existencia encantada.
Eres el faro que guía mis pasos en la noche oscura,
La razón por la que cada día mi esperanza perdura.
Inerte ante ti, pero mi espíritu se eleva,
Eres el sueño que mi mente y corazón preserva.
Contigo, cada instante es un milagro, una canción,
Una danza eterna de amor y admiración.

HUELLAS DEL CORAZÓN

Tu partida es como un eco en la distancia,
Un susurro que se desvanece en la fragancia.
Dejas un vacío que pesa en el alma,
Un espacio donde la nostalgia se calma.
En el silencio que sigue a tu adiós,
Resuena el eco de nuestros sueños atroces.
Cada recuerdo se vuelve más preciado,
Cada instante contigo, un tesoro anhelado.
Tu partida deja una huella imborrable,
Un capítulo que en mi memoria es inolvidable.
Pero aunque te vayas, en mi corazón quedas,
Como un susurro suave en las avenidas.
Tu partida es como el vuelo de un ave libre,
Que deja atrás un rastro que el viento no descifre.
Pero en mi mente y en mi corazón, siempre estarás,
Como un recuerdo que nunca se marchitará

ERES MISUEÑO, MI INSPIRACIÓN INFINITA

Eres un sueño en mi mundo, una fantasía palpable,
Una realidad que supera cualquier fábula.
En cada latido, en cada suspiro,
Tú estás presente, como un sueño dorado.
Eres la melodía que calma mi alma inquieta,
Un sueño que al despertar nunca se desvanece.
Eres un destello en la penumbra,
Una luz en la oscuridad,
Un refugio seguro en medio de la densa noche,
Siempre conmigo, siempre presente.
Eres el murmullo del viento entre los árboles,
La caricia suave del sol en la mañana.
En cada rincón de mi ser, en cada pensamiento,
Tu esencia vive, tu amor se queda.

Eres la esperanza en mis días más grises,
La chispa que enciende mi corazón.
Sin ti, la vida sería un libro sin páginas,
Una historia sin final, un cielo sin estrellas.
Eres mi todo, mi eterno refugio,
La razón por la que sonrío cada día.
Contigo, cada momento es poesía,
Cada suspiro, una declaración de amor.
Eres el sueño del que no quiero despertar,
La fantasía que el tiempo no podrá jamás borrar
Siempre estarás presente, en mi mente, pues tú eres mi vida, mi mayor inspiración.
Y si algún día el destino nos separa,
Mi alma siempre te buscará en cada rincón.
En los recuerdos que el tiempo no apaga,
Vivirás para siempre en mi corazón.

A LA MUSA DE MIS SUEÑOS

Tu belleza trasciende todo, dentro y fuera del universo,
Las constelaciones tiemblan, inseguras ante tu presencia.
Tus ojos, como destellos de sol, penetran mi ser,
Yo, que me creía de acero, me rindo ante su brillo inmenso,
Pierdo todas mis fuerzas, vulnerable ante su fulgor.
Quisiera bajarte la luna, las estrellas, el firmamento,
Pero ¿qué puede hacer este mortal ante tan divina doncella?
Desearía tener el valor para confesarte mi amor eterno,
Mas soy un hombre sencillo, que se contenta con tus migajas.
El miedo no es al rechazo, sino a perder la visión de tu rostro,
A no poder contemplar de nuevo tu belleza celestial.
Eres la musa de mis sueños, la razón de mi existencia,
Cada pensamiento mío, cada suspiro, lleva tu esencia.
Mi corazón late al ritmo de tus pasos delicados,
Mi alma se eleva cada vez que pronuncias mi nombre.
Si tan solo supieras que mi amor es más que un deseo,
Es una llama eterna que ni el tiempo puede apagar.

Quisiera ser el cielo que te cubre y te protege,
Ser el aire que respiras, la paz que en ti florece.
Tus palabras son melodías que endulzan mis oídos,
Cada sonrisa tuya es un milagro que da vida a mis sentidos.
Aunque mis manos tiemblen y mi voz se quiebre en silencio,
Te juro, amada mía, que por ti cruzaría cualquier abismo.
No necesito más que tu presencia, tu mirada serena,
Para encontrar en este mundo mi razón, mi destino.
Eres el faro en la tormenta, la luz en mi penumbra,
Y yo, un navegante perdido, me encuentro en tu brillo.
Así, entre versos y sueños, te declaro mi devoción,
Sin pretensiones ni reservas, solo pura adoración.
Aunque sea un hombre sencillo, mi amor es infinito,
Y en cada latido, en cada palabra, late tu nombre, bendito.

SILENCIOS SUSURRADOS

A veces siento que esto es un sueño,
Pues no hay forma de que un ser tan divino
Esté a mi lado,
tan cerca y tan dueño De mi alma,
que en sus ojos me inclino.
Por más que intente describir mis sentimientos,
Jamás podré conseguirlo en su totalidad,
Es tan cautivante su ser, en sus movimientos,
Que me deja sin saber qué hacer, en realidad.
Cada palabra suya es un susurro en mi oído,
Cada mirada, una promesa que no se desvanece.
En su presencia, mi corazón encuentra su nido,
Y mi mente, en su amor, para siempre permanece.
Es un milagro de la vida, un sueño hecho carne,
Una luz en la oscuridad, mi razón de existir.
A su lado, todos mis miedos se desarman,
Y descubro que, por fin, he aprendido a vivir.

Silencios susurrados entre tú y yo,
Secretos que solo el corazón conoce.
En cada mirada, en cada roce,
El amor se expresa en silencio, sin alboroto.
Quisiera tener la valentía necesaria,
Para decirle lo que siento por ella, pero no puedo,
Esta subida se siente de bajada,
Porque se intentan muchas cosas,
más no se consigue nada.
Mientras yo me acuesto con el pensamiento,
De que te soñaré abrazando la almohada.
Quisiera tener la valentía para decirte que desearía,
Que como yo te quiero, tú me quisieras.
Que si quisieras ser parte de mi vida,
Yo con placer toda te la entregaría.
No habría mayor placer para este mundano
Que caminar contigo a donde fuese de la mano
Pues desde el primer instante en el que te vi,
Mi corazón quedó encantado,
Hechizado bajo la luz que irradia tu rostro.

Quisiera poder decirte que no hay nada en este mundo
que me guste más que tú, que tu ser divino.
Y en el silencio de la noche, con la luna como testigo,
Pienso en ti y en cada momento compartido.
En mis sueños eres mi realidad y mi destino,
Y despierto, anhelo con todo mi ser estar contigo.
No hay estrella en el cielo que brille con tu intensidad,
Ni palabra que describa tu belleza y bondad.
En mis sueños, te abrazo con ternura y sin prisa,
Esperando que un día te des cuenta de mi amor sin medida
Y ahora, con el corazón en la mano, te digo,
Eres mi sueño, el deseo que mi corazón más ha anhelado.
Te quiero con cada fibra de mi ser,
Y daría mi vida entera por tenerte en esta o en cualquier otra vida.

Para mi amor en el silencio.

El escribir está carta a sido todo un viaje para mí,
Pues encontré,
de algún modo el desahogo que necesitaba mi corazón.
Después de meses pensando e decidido entregártela.
En la quietud de la noche, te escribo estas líneas,
susurros de un corazón que anhela en la penumbra.
Fuiste mi estrella inalcanzable en el firmamento,
mi sueño tejido en los hilos del tiempo.
En silencio te he amado, en secreto te he guardado
como una melodía lejana que nunca cesa de resonar.
Cada palabra no dicha, cada mirada furtiva,
son los suspiros de un amor que nunca pudo ser.
Ahora, en el crepúsculo de nuestros caminos cruzados,
dejo ir las esperanzas que acaricié en mis manos.
El eco de tus risas y el brillo de tus ojos,
se desvanecen lentamente en el horizonte distante.
Que encuentres la dicha que mereces,
mi querido amor platónico,
en los brazos de quien te valore como yo no pude.
Guardo tus recuerdos como tesoros en mi alma,
esperando un reencuentro en un futuro,
donde nuestros destinos converjan una vez más.

Queridos amigos,

¿El amor?, es ese sentimiento profundo que nos transforma,
nos desafía y nos hace vulnerables.
He aprendido a lo largo de mi camino,
que el amor no siempre es fácil, ni siempre es correspondido.
Pero, aún así, sigue siendo la experiencia más hermosa,
y enriquecedora que podemos vivir.
A veces, el amor duele. Nos enfrentamos a la incertidumbre,
al miedo al rechazo, a la posibilidad de no ser correspondidos.
Pero ¿y si no intentamos expresar nuestros sentimientos?
¿Qué pasaría si nos guardamos nuestras emociones por temor al no?
El "no" ya lo tenemos,
pero el "sí" podría ser una realidad,
si nos atrevemos a abrir nuestro corazón.
Mi historia personal no tiene un final definido todavía,
porque aún espero una respuesta,
que podría marcar el camino hacia adelante
o el cierre de un capítulo.

Sin embargo,
a pesar de las dificultades y las lágrimas derramadas,
por un amor casi imposible,
sigo creyendo que amar es lo mejor que nos puede pasar.
El amor nos enseña sobre nosotros mismos,
nos hace crecer,
nos conecta con nuestra humanidad más profunda.
Nos recuerda que somos capaces de sentir pasión, compasión y empatía.
Aunque no siempre sea fácil,
el amor nos eleva y nos transforma en seres más completos.
Los animo a no temerle al amor.
A pesar de las heridas y las decepciones,
vale la pena arriesgarse.
No sabemos qué podría suceder si,
expresamos nuestros sentimientos con valentía.
Quizás encontremos un amor correspondido,
o quizás aprendamos lecciones valiosas sobre el amor propio
y la resiliencia.
En última instancia, el amor es un regalo precioso,
que nos conecta a todos como seres humanos.
Es lo que nos hace sentir vivos,
lo que nos da esperanza y nos impulsa a seguir adelante.

Así que,
no importa cuál sea tu historia de amor en este momento,
recuerda que amar es siempre una victoria,
sea o no sea mutuo.

Gracias por tomarse el tiempo para escuchar mis palabras
y por acompañarme en este viaje de emociones.
Agradezco profundamente su atención
y su disposición para reflexionar sobre el amor
y la vida conmigo.
Con cariño y todo mi corazón.
Samuel Reyes.

¡Que el amor y la esperanza guíen siempre sus corazones!

Créditos

Autor: Samuel Reyes Martínez
Título: SILENCIOS SUSURRADOS
Editor: Samuel Reyes Martínez
Diseño de Portada: Adán Reza Sánchez, Samuel Reyes
Revisión y Corrección: Samuel Reyes, Yanet Fiscal, Gian Carlo Arroyo.
Agradecimientos Especiales: Quiero dar un agradecimiento especial a Julio, mi tío Ignacio por ser los primeros en animarme a escribir este libro, a todos y cada unos de mis amigos que no me dejaron parar, pero sobre todo al amor de mi vida por ser la mayor y principal inspiración, ya que sin ella no hubiera sido posible, con todo mi corazón gracias.
Publicación: "Autoedición"
ISBN: 9798327201392
Derechos de Autor:©2024SamuelReyesMartinez. Todos los derechos reservados.
Primera Edición: Junio 2024
Impreso en: México
Contacto: reyessam225@gmail.com

Made in the USA
Coppell, TX
17 June 2024